# RÉALISER SES RÊVES FACILEMENT

# RÉALISER SES RÊVES FACILEMENT

Céline Paoli

# SOMMAIRE

# Introduction

Dans un monde où les défis semblent souvent insurmontables et où les rêves semblent parfois lointains, il est essentiel de rappeler que la réalisation de nos aspirations les plus profondes est non seulement possible, mais aussi à portée de main. Ce livre est une invitation à explorer les mécanismes et les stratégies qui nous permettent de concrétiser nos rêves avec aisance et efficacité.

Trop souvent, les rêves sont relégués au domaine de l'impossible, étouffés par les doutes et les craintes qui peuplent notre esprit. Pourtant, chaque grand accomplissement a commencé par un simple rêve, nourri par la conviction et l'action déterminée de ceux qui osent le poursuivre. Dans ce contexte, comprendre comment rendre ce processus plus accessible et plus réalisable devient une quête d'une importance capitale.

La réalisation de nos rêves ne se limite pas à la satisfaction personnelle. Elle constitue également le moteur de l'innovation, de la créativité et du progrès dans notre société. Ce sont ceux qui osent rêver et agir qui transforment le monde, repoussant les limites de ce qui est possible et inspirant les autres à faire de même. Ainsi, la quête de la réalisation des rêves dépasse largement le cadre individuel ; elle revêt une dimension collective, influençant le tissu même de notre société.

Dans les pages qui suivent, nous explorerons les principes, les techniques et les attitudes qui sous-tendent la réalisation des rêves. Nous découvrirons comment surmonter les obstacles internes et externes, comment cultiver la persévérance et la résilience, et comment transformer nos rêves en réalité tangible. Car réaliser ses rêves n'est pas un privilège réservé à quelques élus, mais bien une possibilité offerte à chacun d'entre nous, pour peu que nous ayons le courage et la détermination de les poursuivre.

Il est temps de lever le voile sur le processus de réalisation des rêves et de libérer le potentiel qui sommeille en chacun de nous. Préparez-vous à être inspiré, à être défié et à être transformé. Votre voyage vers la concrétisation de vos rêves commence ici et maintenant.

Chapitre 1

# Comprendre vos aspirations

## Identifier vos aspirations les plus profondes

Dans la quête de la réalisation de vos rêves, il est crucial de plonger au plus profond de votre être pour identifier ce qui vous motive réellement. Cela ne concerne pas seulement les désirs superficiels ou les objectifs que vous pensez devoir poursuivre pour impressionner les autres ou suivre un modèle préconçu de succès. Non, il s'agit de découvrir ce qui vous allume vraiment, ce qui vous pousse à sortir du lit le matin, même les jours où tout semble sombre et sans espoir.

Pour certains, cette tâche peut sembler écrasante, mais je vous assure que la clarté se trouve souvent dans la simplicité. Commencez par vous asseoir dans un endroit calme, sans distractions, et laissez votre esprit vagabonder librement. Posez-vous des questions difficiles. Demandez-vous ce qui vous rend vraiment heureux, profondément heureux, pas seulement un sourire de surface mais un sentiment de contentement qui vibre dans tout votre être.

Réfléchissez à ces moments dans votre vie où vous étiez complètement immergé dans une activité, où le temps semblait s'arrêter, où vous étiez tellement absorbé que vous ne pensiez à rien d'autre. Quelles étaient ces activités ? Quelles étaient ces passions qui vous ont enflammé ? Cela pourrait être quelque chose d'aussi simple que de passer du temps avec votre famille, de créer de l'art, ou de relever des défis sportifs.

Tenez un journal si cela peut vous aider. Écrivez librement, sans vous soucier de la grammaire ou de la cohérence. Laissez vos pensées couler sur le papier, même si elles semblent confuses ou contradictoires. Souvent, c'est dans le chaos de notre esprit que nous trouvons les réponses les plus précieuses.

En identifiant vos aspirations les plus profondes, vous créez une base solide pour la suite de votre voyage. Vous établissez un point de référence authentique à partir duquel vous pourrez naviguer à travers les défis et les incertitudes qui se dresseront sur votre chemin. Alors, plongez profondément. Explorez votre âme. Et laissez briller la lumière sur ce qui vous rend vraiment vivant.

## Comprendre les obstacles qui vous retiennent

Bienvenue dans le monde passionnant de la réalisation de vos aspirations. Mais avant de plonger tête baissée dans la quête de vos rêves, prenons un moment pour aborder un sujet crucial : les obstacles qui vous retiennent.

Ces obstacles sont comme des ombres dans votre esprit, des forces invisibles qui peuvent vous maintenir coincé dans un cycle d'inaction et de frustration. Ils peuvent prendre diverses formes, des peurs profondément enracinées aux schémas de pensée limitants que nous entretenons depuis des années.

Prenez un instant pour considérer les obstacles qui ont déjà entravé votre chemin par le passé. Ce sont ces moments où vous avez ressenti un sentiment d'incertitude, de peur ou de doute. Peut-être avez-vous déjà abandonné un projet parce que vous ne vous sentiez pas assez compétent ou parce que vous craigniez l'échec. Peut-être avez-vous écouté les voix intérieures vous disant que vous ne méritiez pas le succès ou que vous n'étiez pas assez bon.

Mais voici la vérité : ces obstacles sont des illusions. Ce sont des histoires que nous nous racontons, des barrières que nous créons dans notre esprit. Ils ne sont pas réels. Ils ne sont pas insurmontables. Ils sont simplement des opportunités de croissance personnelle déguisées en défis intimidants.

Comprendre ces obstacles, c'est reconnaître qu'ils ne sont que des constructions de notre esprit. Ce sont des pensées et des émotions qui peuvent être remises en question et transformées. C'est prendre conscience que nous avons le pouvoir de choisir comment nous réagissons face à ces obstacles, de les surmonter et de continuer à avancer vers nos rêves malgré tout.

Alors, prenez le temps de reconnaître les obstacles qui vous retiennent. Plongez au cœur de vos peurs et de vos doutes. Et rappelez-vous : chaque obstacle que vous rencontrez est une occasion de grandir, de vous transformer et de devenir la meilleure version de vous-même.

## Cultiver une vision claire de votre succès

Pour réussir à réaliser vos aspirations, il est primordial de développer une vision claire de ce que le succès signifie pour vous. Trop souvent, nous sommes enclins à adopter des visions floues de ce que nous voulons accomplir dans nos vies. Mais une vision vague ne fait que semer la confusion et l'incertitude, nous laissant errer sans but dans un océan d'opportunités.

Cultiver une vision claire du succès commence par une introspection honnête. Posez-vous des questions difficiles et creusez profondément pour découvrir ce qui vous motive vraiment. Quels sont vos véritables objectifs ? Qu'est-ce qui vous rendrait vraiment heureux et épanoui ? Prenez le temps d'explorer vos désirs les plus profonds et de les transformer en une vision concrète de votre succès.

Une fois que vous avez identifié cette vision, il est temps de la rendre tangible en définissant des objectifs clairs et réalisables. Évitez les pièges des objectifs vagues et ambigus. Au lieu de cela, décomposez votre vision en étapes spécifiques et mesurables. Quels sont les jalons que vous devez atteindre pour progresser vers votre succès ultime ? Quelles actions pouvez-vous entreprendre dès maintenant pour vous rapprocher de ces objectifs ?

L'élaboration d'un plan d'action stratégique est essentielle pour donner vie à votre vision. Déterminez les actions que vous devez entreprendre chaque jour, chaque semaine, chaque mois pour avancer vers vos objectifs. Restez flexible et adaptable en cours de route, mais gardez toujours votre vision clairement en vue.

Cependant, rappelez-vous que la clarté de la vision ne signifie pas que le chemin vers le succès sera toujours facile et sans heurts. Vous rencontrerez inévitablement des obstacles et des défis sur votre chemin. Mais en ayant une vision claire et précise de votre succès, vous aurez la force et la détermination nécessaires pour surmonter ces défis et persévérer jusqu'à la réalisation de vos rêves.

En cultivant une vision claire de votre succès, vous vous donnez non seulement une direction à suivre, mais aussi une source d'inspiration et de motivation. Vous vous engagez pleinement dans votre voyage, conscient des défis qui vous attendent mais déterminé à les surmonter. C'est dans cette clarté de vision que réside le pouvoir de transformer vos rêves en réalité.

## Élaborer un plan d'action réaliste

Maintenant que vous avez pris le temps de comprendre vos aspirations les plus profondes et les obstacles qui pourraient se dresser sur votre chemin, il est temps de passer à l'action. Mais avant de vous lancer tête baissée, il est essentiel de créer un plan d'action réaliste qui vous guidera vers la concrétisation de vos rêves.

Un plan d'action réaliste repose sur des objectifs clairs et réalisables. Évitez la tentation de vous fixer des objectifs trop ambitieux ou irréalistes qui pourraient vous décourager dès le départ. Au lieu de cela, identifiez des étapes spécifiques et atteignables qui vous permettront de progresser de manière constante vers vos aspirations.

Commencez par décomposer vos objectifs en petites tâches réalisables. Posez-vous la question : quels sont les premiers pas que je peux faire dès maintenant pour me rapprocher de mes objectifs ? Créez une liste d'actions concrètes que vous pouvez entreprendre chaque jour pour avancer vers la réalisation de vos rêves.

Lorsque vous élaborez votre plan d'action, soyez réaliste quant à vos ressources disponibles, y compris votre temps, votre énergie et vos compétences. Tenez compte des contraintes et des défis potentiels qui pourraient se présenter sur votre chemin, mais ne laissez pas ces obstacles vous décourager. Au lieu de cela, voyez-les comme des opportunités de croissance et de renforcement de votre résilience.

Intégrez également de la flexibilité dans votre planification. La vie est pleine d'imprévus, et il est important d'être capable de s'adapter et d'ajuster votre plan en fonction des circonstances changeantes. Restez ouvert aux ajustements nécessaires et soyez prêt à revisiter et à réévaluer votre plan d'action régulièrement.

En élaborant un plan d'action réaliste, vous vous donnez les outils nécessaires pour transformer vos rêves en réalité. Vous vous engagez dans un voyage de croissance personnelle et de développement, en prenant des mesures tangibles pour créer la vie que vous désirez réellement. Avec un plan solide en place, vous êtes prêt à affronter les défis à venir et à poursuivre vos aspirations avec confiance et détermination.

Chapitre 2

# Établir des objectifs clairs et inspirants

## Définir des objectifs SMART

Dans ce chapitre, nous nous pencherons sur une étape fondamentale pour réaliser rapidement vos rêves : l'établissement d'objectifs clairs et inspirants. Avant de vous lancer dans la définition de vos objectifs, il est crucial de comprendre ce que signifie réellement un objectif SMART.

SMART est un acronyme qui signifie spécifique, mesurable, atteignable, pertinent et temporellement défini. C'est un cadre éprouvé pour définir des objectifs précis et réalisables, vous permettant ainsi de vous concentrer sur ce qui est vraiment important et d'éviter de vous éparpiller dans des objectifs vagues ou irréalisables.

Commençons par la première lettre de l'acronyme : spécifique. Un objectif spécifique est clair et détaillé, laissant peu de place à l'interprétation. Au lieu de dire « je veux perdre du poids », un objectif spécifique serait « je veux perdre 10 kilogrammes d'ici la fin de l'année en adoptant une alimentation saine et en faisant de l'exercice régulièrement ». En étant spécifique dans la définition de vos objectifs, vous vous donnez une direction claire à suivre.

Ensuite, vos objectifs doivent être mesurables. Cela signifie qu'ils doivent être quantifiables et que vous devez être en mesure de suivre votre progression au fil du temps. Par exemple, si votre objectif est d'économiser de l'argent, définissez un montant spécifique à atteindre chaque mois et suivez vos économies régulièrement pour vous assurer de rester sur la bonne voie.

De plus, vos objectifs doivent être atteignables. Cela ne signifie pas qu'ils doivent être faciles, mais qu'ils doivent être réalistes compte tenu de vos ressources et de vos contraintes. Fixer des objectifs trop ambitieux peut conduire à la frustration et à l'échec. En revanche, des objectifs atteignables vous permettent de maintenir votre motivation et de progresser de manière constante.

Ensuite, vos objectifs doivent être pertinents par rapport à votre vision globale du succès. Assurez-vous que vos objectifs sont alignés avec vos valeurs, vos intérêts et vos priorités, afin qu'ils aient un sens pour vous et vous motivent à agir.

Enfin, vos objectifs doivent être temporellement définis, c'est-à-dire qu'ils doivent avoir une date limite clairement établie. Fixer une échéance vous permet de vous engager pleinement dans la réalisation de vos objectifs et vous aide à rester concentré et discipliné dans votre démarche.

En résumé, définir des objectifs SMART est essentiel pour réaliser vos rêves rapidement. En étant spécifique, mesurable, atteignable, pertinent et temporellement défini dans la définition de vos objectifs, vous vous donnez les meilleures chances de succès et vous vous engagez sur la voie de la concrétisation de vos aspirations les plus élevées.

## Créer des objectifs inspirants et motivants

Maintenant que vous comprenez l'importance des objectifs SMART, explorons la dimension émotionnelle de vos objectifs. Car pour réaliser vos rêves rapidement, il ne suffit pas d'avoir des objectifs bien définis, il faut également qu'ils soient inspirants et motivants.

Des objectifs inspirants sont ceux qui résonnent profondément avec vous, qui vous excitent et vous donnent envie de vous lever chaque matin pour les poursuivre. Ils sont liés à vos passions, à vos valeurs fondamentales et à vos aspirations les plus profondes. Lorsque vous définissez des objectifs qui vous inspirent, vous êtes plus enclin à persévérer face aux obstacles et à rester engagé dans votre démarche, même lorsque les temps sont difficiles.

Pour créer des objectifs inspirants, commencez par vous poser la question : qu'est-ce qui me passionne vraiment dans la vie ? Quelles sont les choses qui me font vibrer, qui me donnent un sentiment de satisfaction et d'accomplissement ? Prenez le temps de réfléchir à vos passions et à vos intérêts, et utilisez-les comme source d'inspiration pour définir vos objectifs.

Ensuite, visualisez le résultat final de la réalisation de vos objectifs. Imaginez-vous vivre la vie de vos rêves, ressentant la joie et la satisfaction d'avoir atteint vos objectifs. Visualisez les détails avec autant de clarté que possible, en vous concentrant sur les émotions positives que vous ressentiriez dans cette réalité future. Cette visualisation vous permettra de vous connecter émotionnellement à vos objectifs et de renforcer votre motivation à les poursuivre.

Enfin, assurez-vous que vos objectifs sont alignés avec votre vision globale du succès. Ils doivent être en harmonie avec vos valeurs, vos priorités et vos aspirations les plus profondes. Si vos objectifs ne sont pas en phase avec votre vision de la vie que vous souhaitez vivre, il sera difficile de rester motivé et engagé dans leur poursuite à long terme.

En résumé, créer des objectifs inspirants et motivants est essentiel pour réaliser vos rêves rapidement. En vous connectant émotionnellement à vos objectifs, en les visualisant avec clarté et en vous assurant qu'ils sont en harmonie avec votre vision globale du succès, vous vous donnez les meilleures chances de succès et vous vous engagez sur la voie de la concrétisation de vos aspirations les plus élevées.

## Établir des étapes claires pour atteindre vos objectifs

Maintenant que vous avez défini des objectifs SMART et inspirants, passons à l'étape suivante : établir des étapes claires pour les atteindre. Trop souvent, nous nous concentrons uniquement sur le résultat final sans prendre en compte les actions spécifiques que nous devons entreprendre pour y parvenir. Mais la réalisation de vos rêves ne se fait pas du jour au lendemain ; cela nécessite un plan d'action stratégique avec des étapes claires et réalisables.

La première étape pour établir des étapes claires est de décomposer vos objectifs en sous-objectifs plus petits et plus gérables. Posez-vous la question : quels sont les jalons que je dois atteindre pour progresser vers la réalisation de mon objectif principal ? Par exemple, si votre objectif est de perdre 10 kilogrammes en six mois, vous pourriez décomposer cet objectif en perdre 2 kilogrammes par mois, ce qui semble plus réalisable et moins intimidant.

Ensuite, prenez chaque sous-objectif et identifiez les actions spécifiques que vous devez entreprendre pour les atteindre. Quelles sont les étapes concrètes que vous devez suivre pour progresser vers chaque sous-objectif ? Par exemple, si l'un de vos sous-objectifs est de suivre un régime alimentaire sain, les actions spécifiques pourraient inclure planifier vos repas à l'avance, faire des courses de manière responsable et cuisiner des repas nutritifs à la maison.

Une fois que vous avez identifié ces actions spécifiques, établissez un plan d'action détaillé avec des échéances claires pour chaque étape. Créez un calendrier ou un tableau de bord pour suivre votre progression et assurez-vous de rester sur la bonne voie en revisitant régulièrement votre plan d'action et en ajustant vos stratégies si nécessaire.

Enfin, soyez flexible et adaptable en cours de route. La vie est pleine d'imprévus, et il est important d'être capable de s'adapter aux changements de circonstances et aux obstacles inattendus. Restez ouvert aux ajustements nécessaires et ne laissez pas les revers vous décourager. Rappelez-vous que chaque défi est une opportunité de croissance et d'apprentissage.

En établissant des étapes claires pour atteindre vos objectifs, vous vous donnez les meilleures chances de succès. Vous créez un plan d'action réaliste et réalisable qui vous guidera pas à pas vers la réalisation de vos rêves. Avec une stratégie claire en place, vous êtes prêt à relever les défis avec confiance et détermination, sachant que chaque pas vous rapproche un peu plus de vos aspirations les plus profondes.

## Intégrer la flexibilité dans votre planification

Lorsqu'il s'agit de réaliser vos rêves rapidement, l'une des clés du succès est d'intégrer la flexibilité dans votre planification. Bien que définir des objectifs clairs et établir des étapes précises soit essentiel, il est tout aussi important de reconnaître que la vie est imprévisible et que des ajustements peuvent être nécessaires en cours de route.

La flexibilité dans votre planification vous permet d'adapter vos stratégies et vos tactiques en fonction des circonstances changeantes et des défis imprévus. Plutôt que de rester rigide dans votre approche, soyez prêt à pivoter lorsque nécessaire et à explorer de nouvelles options pour surmonter les obstacles qui se dressent sur votre chemin.

Une façon de cultiver la flexibilité est de rester ouvert aux ajustements et aux changements de direction. Si une stratégie spécifique ne produit pas les résultats escomptés, ne persistez pas obstinément dans la même voie. Au lieu de cela, soyez prêt à évaluer votre approche, à apprendre des erreurs et à ajuster votre plan en conséquence.

De plus, gardez à l'esprit que la perfection n'est pas nécessaire pour progresser vers vos objectifs. Ne soyez pas trop dur avec vous-même si les choses ne se déroulent pas exactement comme prévu. Acceptez les imperfections et les échecs comme des occasions d'apprentissage et de croissance, et utilisez-les pour vous améliorer et vous ajuster dans votre quête de réalisation de vos rêves.

Enfin, restez ouvert aux opportunités imprévues qui peuvent se présenter sur votre chemin. Parfois, les meilleurs résultats viennent de directions que nous n'avions pas prévues. Soyez prêt à saisir ces occasions et à les intégrer dans votre plan d'action, même si elles vous obligent à dévier de votre trajectoire initiale.

En intégrant la flexibilité dans votre planification, vous vous donnez les meilleures chances de succès dans la réalisation de vos rêves. Vous êtes prêt à naviguer avec confiance dans les eaux changeantes de la vie, sachant que vous avez la capacité d'ajuster votre cap et de surmonter les obstacles qui se présentent sur votre chemin.

Chapitre 3

# Cultiver une mentalité de réussite

---

## Cultiver une mentalité de succès

Pour réaliser rapidement vos rêves, il est crucial de cultiver une mentalité de succès. Votre façon de penser et de percevoir le monde joue un rôle déterminant dans votre capacité à atteindre vos objectifs. Une mentalité de succès vous permet de voir les défis comme des opportunités, de persévérer face à l'adversité et de rester concentré sur vos aspirations les plus élevées.

Cultiver une mentalité de succès commence par prendre conscience de vos pensées et de vos croyances. Trop souvent, nous sommes victimes de pensées négatives et limitantes qui entravent notre croissance et notre réussite. Prenez le temps d'identifier les schémas de pensée qui vous retiennent et remplacez-les par des pensées positives et constructives. Par exemple, au lieu de penser « je ne peux pas le faire », dites-vous « je suis capable de surmonter les obstacles et d'atteindre mes objectifs ».

Ensuite, pratiquez la visualisation positive pour renforcer votre mentalité de succès. Visualisez-vous déjà en train de vivre la vie de vos rêves, ressentant la joie et la satisfaction d'avoir accompli vos objectifs. En vous connectant émotionnellement à cette réalité future, vous renforcez votre conviction que le succès est possible et que vous êtes capable de le réaliser.

Une autre façon de cultiver une mentalité de succès est de vous entourer de personnes positives et inspirantes. Votre environnement social a un impact significatif sur votre façon de penser et sur votre attitude. Cherchez des amis, des mentors et des modèles qui vous soutiennent dans vos aspirations et qui vous encouragent à viser toujours plus haut.

De plus, prenez l'habitude de pratiquer la gratitude et la positivité au quotidien. Focalisez-vous sur les aspects positifs de votre vie et sur les progrès que vous avez réalisés jusqu'à présent. En cultivant un état d'esprit reconnaissant, vous renforcez votre résilience et votre détermination à poursuivre vos rêves malgré les défis qui se présentent sur votre chemin.

Enfin, rappelez-vous que la réussite n'est pas seulement une destination, mais aussi un voyage. Appréciez chaque étape du processus et chaque succès, aussi petits soient-ils. En adoptant une perspective de croissance et d'apprentissage, vous vous donnez les meilleures chances de succès et vous avancez avec confiance et détermination vers la réalisation de vos rêves.

## Identifier et surmonter les croyances limitantes

Un aspect crucial de la cultivation d'une mentalité de succès est la capacité à identifier et à surmonter les croyances limitantes qui peuvent entraver votre progression vers la réalisation de vos rêves. Ces croyances sont souvent profondément enracinées dans notre subconscient et peuvent agir comme des obstacles invisibles sur notre chemin vers le succès.

Pour identifier vos croyances limitantes, commencez par être attentif à vos pensées et à vos réactions émotionnelles face aux défis et aux obstacles. Remarquez les schémas récurrents de pensée négative qui vous empêchent de croire en votre capacité à réussir. Ces croyances peuvent prendre différentes formes, telles que « je ne suis pas assez bon », « je suis destiné à l'échec » ou « le succès est réservé aux autres ».

Une fois que vous avez identifié vos croyances limitantes, il est temps de les remettre en question et de les remplacer par des croyances plus positives et constructives. Commencez par examiner les preuves qui contredisent vos croyances limitantes. Cherchez des exemples de réussite dans votre propre vie ou dans celle des autres qui montrent que vos croyances ne sont pas nécessairement vraies.

Ensuite, pratiquez l'affirmation positive pour renforcer de nouvelles croyances plus positives. Répétez des affirmations telles que « je suis capable de surmonter les obstacles », « je mérite le succès » et « je suis digne de réaliser mes rêves » chaque jour pour renforcer votre confiance en vous et votre conviction en votre capacité à réussir.

En parallèle, travaillez sur le développement de votre estime de soi et de votre confiance en vous. Faites l'effort de reconnaître vos forces et vos talents uniques, et utilisez-les comme base pour construire votre confiance en vous. Entourez-vous également de personnes qui vous soutiennent et qui vous encouragent à croire en vous-même.

Enfin, soyez patient et persévérant dans votre démarche pour surmonter vos croyances limitantes. Changer ses croyances profondément enracinées ne se fait pas du jour au lendemain, mais avec de la pratique et de la détermination, vous pouvez reprogrammer votre esprit pour adopter une mentalité de succès et réaliser vos rêves les plus ambitieux.

## Adopter une attitude de gratitude et de positivité

L'adoption d'une attitude de gratitude et de positivité est un élément essentiel pour cultiver une mentalité de succès et réaliser vos rêves rapidement. La gratitude vous permet de reconnaître et d'apprécier les aspects positifs de votre vie, même dans les moments difficiles, tandis que la positivité vous aide à voir les opportunités plutôt que les obstacles.

Commencez par prendre l'habitude de pratiquer la gratitude au quotidien. Prenez quelques minutes chaque jour pour réfléchir à ce pour quoi vous êtes reconnaissant dans votre vie. Cela peut être aussi simple que de remercier pour la nourriture sur votre table, les relations significatives dans votre vie ou les opportunités de croissance et d'apprentissage. En reconnaissant et en appréciant les nombreuses bénédictions dans votre vie, vous développez un état d'esprit reconnaissant qui vous aide à rester positif même dans les moments difficiles.

De plus, adoptez une perspective positive face aux défis et aux obstacles qui se présentent sur votre chemin. Plutôt que de les voir comme des échecs ou des revers, voyez-les comme des occasions d'apprendre et de grandir. Cherchez le côté positif de chaque situation et utilisez-la comme un tremplin pour rebondir plus fort et plus déterminé que jamais.

Une autre stratégie pour cultiver la positivité est de surveiller vos pensées et de pratiquer l'autodiscipline mentale. Soyez conscient des pensées négatives qui traversent votre esprit et remplacez-les par des pensées positives et constructives. Par exemple, au lieu de penser « je ne suis pas assez bon », dites-vous « je suis en train de progresser et de m'améliorer chaque jour ».

En outre, entourez-vous de personnes positives et encourageantes qui vous soutiennent dans votre démarche pour cultiver la gratitude et la positivité. Choisissez des amis, des mentors et des modèles qui ont une attitude optimiste et qui vous encouragent à voir le meilleur en vous-même et dans le monde qui vous entoure.

En adoptant une attitude de gratitude et de positivité, vous créez un état d'esprit propice à la réussite et au bonheur. Vous vous engagez sur la voie de la réalisation de vos rêves avec optimisme et confiance, sachant que chaque défi est une occasion de croissance et que chaque succès est une étape vers une vie plus épanouie et plus gratifiante.

Chapitre 4

# Utiliser la visualisation pour manifester vos rêves

---

## Comprendre la puissance de la visualisation créative

La visualisation créative représente une technique puissante capable d'influencer considérablement votre capacité à concrétiser rapidement vos rêves. En saisissant et en maîtrisant cette méthode efficacement, vous pouvez modeler votre réalité future en alignant votre esprit, vos émotions et vos actions sur vos aspirations les plus profondes.

Au cœur de la visualisation créative se trouve la capacité à générer des images mentales vives et détaillées de ce que vous souhaitez manifester dans votre existence. En vous concentrant sur ces images avec une intention claire et une émotion intense, vous stimulez votre subconscient à travailler en harmonie avec vos aspirations, attirant ainsi les opportunités et les ressources nécessaires pour réaliser vos rêves.

La clé de la visualisation créative réside dans sa faculté à activer le pouvoir de votre esprit subconscient. Celui-ci ne fait pas de distinction entre ce qui est réel et ce qui est imaginé. En créant des images mentales riches et vibrantes de vos objectifs accomplis, vous envoyez un signal clair à votre subconscient que ces réalités désirées sont déjà en train de se matérialiser.

Pour utiliser efficacement la visualisation créative, commencez par définir clairement vos objectifs et vos désirs. Identifiez ce que vous aspirez à réaliser dans votre vie et créez une image nette et précise de ces réussites dans votre esprit. Imaginez-vous déjà vivre ces expériences avec tous vos sens, ressentant la joie, la satisfaction et l'accomplissement qu'elles procurent.

Ensuite, pratiquez régulièrement la visualisation créative en l'intégrant dans votre routine quotidienne. Accordez quelques minutes chaque jour pour vous détendre, fermez les yeux et visualisez-vous en train de vivre vos rêves les plus chers. Immergez-vous totalement dans cette expérience mentale, en vous concentrant sur les moindres détails et sensations, et ressentez l'émotion intense qui accompagne la réalisation de vos objectifs.

Enfin, utilisez des affirmations positives pour renforcer votre visualisation créative. Formulez des déclarations affirmatives décrivant déjà la réalisation de vos objectifs et répétez-les régulièrement avec conviction et émotion. Ces affirmations agissent en synergie avec votre visualisation pour consolider vos croyances et vos attentes, vous aidant ainsi à matérialiser vos rêves avec plus de facilité et d'efficacité.

En comprenant et en pratiquant la visualisation créative de manière cohérente, vous activez le potentiel de votre esprit subconscient pour attirer les opportunités et les circonstances favorables à la réalisation de vos objectifs. Vous devenez ainsi le co-créateur conscient de votre réalité, façonnant délibérément votre avenir avec intention et détermination.

## Pratiquer la visualisation pour manifester vos rêves

La pratique régulière de la visualisation est un outil puissant pour manifester vos rêves rapidement. En vous engageant dans cette technique de manière systématique et délibérée, vous renforcez votre connexion avec vos objectifs et vous alignez votre énergie avec les résultats que vous souhaitez atteindre.

Pour commencer à pratiquer la visualisation, trouvez un endroit calme et tranquille où vous pouvez vous détendre sans être dérangé. Asseyez-vous confortablement ou allongez-vous, fermez les yeux et prenez quelques instants pour vous concentrer sur votre respiration, laissant ainsi votre esprit se détendre et se vider de toute tension.

Une fois que vous vous sentez calme et centré, commencez à créer une image mentale vivante et détaillée de votre objectif réalisé. Imaginez-vous déjà en train de vivre cette réalité avec tous vos sens, en vous concentrant sur les détails les plus petits et les sensations les plus réalistes. Visualisez-vous en train de ressentir la joie, la satisfaction et l'accomplissement que cela apporte.

Engagez tous vos sens dans cette expérience mentale, en vous concentrant sur ce que vous voyez, entendez, ressentez, goûtez et sentez dans cette réalité imaginée. Plus vos images mentales sont riches et vibrantes, plus elles seront efficaces pour stimuler votre subconscient à travailler en harmonie avec vos aspirations.

En pratiquant la visualisation régulièrement, vous renforcez progressivement votre capacité à vous connecter avec vos objectifs et à manifester vos rêves avec une plus grande facilité et efficacité. Consacrez un temps spécifique chaque jour à cette pratique, même si ce n'est que quelques minutes, pour maintenir votre élan et votre engagement envers vos aspirations.

En outre, utilisez des techniques de visualisation spécifiques pour renforcer vos résultats. Par exemple, créez un tableau de vision ou un journal de visualisation où vous pouvez représenter visuellement vos objectifs et vos désirs. Utilisez des images, des affirmations et des citations inspirantes pour créer un support tangible de vos aspirations et vous aider à rester concentré sur vos objectifs.

En pratiquant la visualisation de manière cohérente et intentionnelle, vous devenez un co-créateur actif de votre réalité, en façonnant délibérément votre futur avec chaque image mentale que vous créez. Avec persévérance et engagement, vous pouvez manifester vos rêves les plus audacieux et vivre la vie que vous avez toujours désirée.

## Utiliser les affirmations positives pour renforcer la visualisation

Les affirmations positives sont un outil complémentaire puissant pour renforcer votre pratique de la visualisation et manifester vos rêves rapidement. En utilisant des affirmations avec intention et conviction, vous pouvez reprogrammer votre subconscient et renforcer vos croyances pour aligner votre réalité avec vos aspirations les plus profondes.

Pour commencer à utiliser les affirmations positives, commencez par identifier les croyances limitantes ou les pensées négatives qui peuvent entraver votre progression vers vos objectifs. Prenez conscience des pensées auto-sabotantes qui traversent votre esprit et notez-les pour les transformer en affirmations positives.

Une fois que vous avez identifié vos affirmations, assurez-vous qu'elles sont formulées de manière positive, affirmative et dans le présent. Par exemple, au lieu de dire « je ne suis pas assez bon », transformez cette pensée en « je suis suffisamment bon et je mérite le succès ». Choisissez des affirmations qui résonnent avec vous personnellement et qui renforcent votre confiance en vous et en vos capacités.

Ensuite, répétez vos affirmations régulièrement avec conviction et émotion. Prenez quelques minutes chaque jour pour réciter vos affirmations à voix haute ou dans votre esprit, en vous concentrant sur le sens et le sentiment derrière chaque mot. Plus vous répétez vos affirmations avec engagement, plus elles deviennent intégrées dans votre subconscient et plus elles exercent leur influence sur votre réalité.

Utilisez également vos affirmations pendant vos sessions de visualisation pour renforcer l'impact de votre pratique. Intégrez vos affirmations dans vos images mentales et ressentez les émotions positives qu'elles évoquent lorsque vous visualisez vos objectifs réalisés. Cette combinaison de visualisation et d'affirmation crée une synergie puissante qui renforce vos croyances et vos attentes, vous aidant ainsi à attirer vos rêves dans votre réalité avec une plus grande facilité.

Enfin, soyez patient et persévérant dans votre pratique des affirmations positives. Les changements ne se produisent pas du jour au lendemain, mais avec une pratique régulière et soutenue, vous commencerez à remarquer des changements dans votre pensée et dans votre vie. Restez ouvert aux signes et aux synchronicités qui vous guident vers vos rêves, et continuez à utiliser vos affirmations comme un outil puissant pour créer la vie que vous désirez vraiment.

## Intégrer la visualisation dans votre routine quotidienne

Pour exploiter pleinement la puissance de la visualisation créative, il est essentiel de l'intégrer de manière cohérente dans votre routine quotidienne. En faisant de la visualisation une pratique régulière et systématique, vous renforcez son impact sur votre subconscient et créez un alignement plus profond avec vos objectifs.

Tout d'abord, choisissez un moment propice dans votre journée où vous pouvez vous consacrer à la visualisation sans être perturbé. Que ce soit le matin au réveil, pendant une pause déjeuner ou juste avant de vous coucher, trouvez un créneau horaire qui fonctionne pour vous et qui vous permet de vous immerger pleinement dans votre pratique de visualisation.

Créez un environnement propice à la détente et à la concentration. Trouvez un endroit calme et tranquille où vous pouvez vous asseoir confortablement ou vous allonger sans distractions. Éteignez les appareils électroniques, allumez des bougies ou de l'encens, et créez une atmosphère apaisante qui favorise la relaxation et la visualisation claire.

Avant de commencer votre session de visualisation, prenez quelques instants pour vous centrer et vous détendre. Pratiquez la respiration profonde et la relaxation musculaire pour libérer toute tension dans votre corps et calmer votre esprit. Plus vous êtes détendu et centré, plus il sera facile de vous connecter avec vos objectifs et de visualiser vos rêves avec clarté et conviction.

Une fois que vous êtes dans un état de relaxation profonde, commencez à créer votre image mentale de votre objectif réalisé. Utilisez tous vos sens pour rendre l'image aussi vivante et réelle que possible, en vous concentrant sur les détails, les sensations et les émotions associées à votre réussite. Ressentez la joie, la gratitude et la satisfaction que cela vous apporte.

Pratiquez la visualisation pendant quelques minutes chaque jour, en restant ouvert aux ajustements et aux améliorations au fil du temps. Soyez cohérent et persévérant dans votre pratique, même si les résultats ne sont pas immédiats. La clé est de rester engagé et d'avoir confiance en la puissance de la visualisation pour transformer vos rêves en réalité.

En intégrant la visualisation dans votre routine quotidienne, vous créez un espace sacré pour nourrir vos aspirations les plus profondes et vous aligner avec vos objectifs. Vous renforcez votre connexion avec vos désirs et vous créez une fondation solide pour manifester vos rêves avec facilité et efficacité.

Chapitre 5

# Créer un plan d’action stratégique

---

## Élaborer un plan d'action stratégique

L'élaboration d'un plan d'action stratégique est essentielle pour concrétiser vos aspirations. Trop souvent, nos rêves restent des vœux pieux faute d'un plan clair et réalisable.

Pour commencer, prenez le temps d'examiner vos objectifs à long terme et décomposez-les en étapes plus petites et réalisables. Cette démarche rend vos objectifs plus accessibles et crée un chemin clair vers leur réalisation.

Identifiez ensuite les actions concrètes nécessaires pour chaque étape. Déterminez les tâches spécifiques, les ressources requises et les délais pour créer un plan d'action détaillé et réalisable.

Priorisez vos tâches en fonction de leur importance et de leur urgence. Identifiez les activités clés ayant le plus grand impact sur vos objectifs et concentrez vos efforts sur ces domaines prioritaires. Ainsi, vous maximiserez votre efficacité et vos chances de succès.

Intégrez également la flexibilité dans votre plan d'action. La vie est pleine d'imprévus, soyez prêt à ajuster votre plan en fonction des circonstances changeantes. Restez ouvert aux nouvelles opportunités et aux ajustements nécessaires pour vous adapter aux défis et aux changements de cap.

Enfin, engagez-vous à suivre votre plan d'action de manière cohérente et persévérante. Avancez pas à pas vers vos objectifs, même face aux défis. Chaque petit progrès vous rapproche un peu plus de la réalisation de vos rêves ; restez concentré sur le processus plutôt que sur le résultat final.

En élaborant un plan d'action stratégique et en vous y engageant avec détermination, vous créez un cadre solide pour transformer vos rêves en réalité. Avec une vision claire et un plan d'action détaillé, vous êtes mieux équipé pour surmonter les obstacles et atteindre vos objectifs avec confiance et succès.

## Prioriser les tâches pour une efficacité maximale

Pour réaliser vos rêves rapidement, il est essentiel de savoir prioriser vos tâches pour maximiser votre efficacité. Souvent, nous sommes submergés par de nombreuses tâches, ce qui peut nous éloigner de nos objectifs principaux et ralentir notre progression.

Pour prioriser efficacement vos tâches, commencez par identifier les activités ayant le plus grand impact sur la réalisation de vos objectifs. Ce sont les tâches qui vous rapprochent le plus de vos aspirations et qui peuvent générer les résultats les plus significatifs.

La matrice d'Eisenhower est une méthode couramment utilisée pour classer les tâches selon leur urgence et leur importance, permettant d'identifier rapidement les tâches prioritaires et de se concentrer sur ce qui compte vraiment.

Organisez ensuite vos tâches selon une séquence logique. Déterminez l'ordre dans lequel les accomplir pour maximiser votre efficacité et minimiser les retards. Regrouper des tâches similaires peut également réduire les interruptions et optimiser votre flux de travail.

N'oubliez pas de tenir compte de vos rythmes naturels et de votre énergie. Planifiez vos tâches les plus importantes lorsque vous êtes le plus alerte et gardez les tâches simples pour les périodes de baisse d'énergie.

Soyez flexible et prêt à ajuster vos priorités en fonction des circonstances changeantes. Restez ouvert aux nouvelles opportunités et ajustez votre plan pour rester sur la bonne voie vers vos objectifs.

## Décomposer les objectifs en étapes réalisables

Une stratégie efficace pour concrétiser rapidement vos rêves consiste à découper vos objectifs en étapes réalisables et tangibles. Trop souvent, nous sommes découragés par l'apparente magnitude de nos objectifs, ce qui engendre un sentiment d'impuissance et d'inaction. En décomposant vos objectifs en étapes plus petites et plus gérables, vous tracez un chemin clair vers la réussite et vous vous donnez les moyens de progresser de manière constante.

Pour débuter, prenez le temps d'analyser vos objectifs à long terme et de les décomposer en objectifs plus spécifiques et mesurables. Par exemple, si votre objectif ultime est de démarrer votre propre entreprise, identifiez les étapes intermédiaires nécessaires, telles que la recherche de marché, l'élaboration d'un plan d'affaires, la recherche de financement, etc.

Ensuite, subdivisez ces objectifs intermédiaires en tâches plus précises et spécifiques. Identifiez les actions concrètes que vous devez entreprendre pour atteindre chaque objectif intermédiaire, en les détaillant autant que possible. Plus vos étapes sont spécifiques, plus il sera facile de suivre votre progression et de rester motivé tout au long du processus.

Une fois vos objectifs décomposés en étapes réalisables, organisez-les dans un plan d'action chronologique. Déterminez l'ordre dans lequel vous allez aborder chaque étape, en tenant compte des dépendances et des priorités. Cela vous permettra de créer une feuille de route claire et cohérente pour atteindre vos objectifs avec succès.

Ensuite, attribuez des délais réalistes à chaque étape de votre plan d'action. Fixez-vous des dates limites claires et réalisables pour chaque objectif intermédiaire et chaque tâche, en tenant compte de vos autres engagements et contraintes. Cela vous aidera à rester concentré et engagé dans votre progression, en vous donnant des jalons concrets à atteindre à mesure que vous avancez vers vos rêves.

Enfin, suivez régulièrement votre progression et ajustez votre plan d'action au besoin. Prenez le temps de réévaluer périodiquement vos objectifs et vos étapes intermédiaires, en identifiant les succès et les défis rencontrés en cours de route. Soyez prêt à ajuster votre plan en fonction des changements de circonstances et des nouvelles informations, tout en gardant toujours votre vision finale à l'esprit.

En décomposant vos objectifs en étapes réalisables, vous élaborez un plan d'action concret et réalisable pour concrétiser rapidement vos rêves. En prenant des mesures délibérées et cohérentes vers vos objectifs, étape par étape, vous vous rapprochez chaque jour un peu plus de la vie que vous désirez vraiment.

## Intégrer la flexibilité pour ajuster votre plan en cours de route

Lorsque vous poursuivez vos rêves, il est essentiel de reconnaître que le chemin vers le succès n'est pas toujours linéaire ni prévisible. Les obstacles imprévus, les changements de circonstances et les nouvelles opportunités peuvent survenir à tout moment, rendant indispensable la capacité à être flexible et adaptable dans votre approche.

Intégrer la flexibilité dans votre plan d'action vous permet d'ajuster votre parcours en fonction des défis et des opportunités qui se présentent. Plutôt que de rester rigide dans votre approche, soyez prêt à réévaluer et à adapter votre plan en fonction des circonstances changeantes. Cette capacité à s'adapter est souvent la clé pour surmonter les obstacles et maximiser votre succès.

Pour intégrer la flexibilité dans votre plan d'action, commencez par adopter une attitude ouverte et réceptive aux changements. Soyez prêt à remettre en question vos hypothèses, vos croyances et vos stratégies lorsque de nouvelles informations ou des circonstances inattendues se présentent. Cette ouverture d'esprit vous permet d'explorer de nouvelles possibilités et de trouver des solutions créatives aux défis qui se posent.

Ensuite, identifiez les indicateurs clés qui vous permettent de suivre votre progression et de mesurer votre succès. Soyez attentif aux signaux indiquant que votre plan n'atteint pas les résultats escomptés ou que des ajustements sont nécessaires. Ces indicateurs peuvent être des données quantitatives, comme les chiffres de vente ou les statistiques de performance, ou des signaux qualitatifs, comme votre niveau de satisfaction et de bien-être.

Lorsque vous rencontrez des obstacles ou des défis imprévus, adoptez une approche proactive pour les résoudre. Cherchez des solutions alternatives, explorez de nouvelles voies et sollicitez l'aide des autres lorsque c'est nécessaire. Ne laissez pas les revers vous décourager ; au contraire, voyez-les comme des opportunités pour apprendre, grandir et vous améliorer.

Enfin, soyez prêt à réajuster votre plan en fonction des leçons apprises et des nouvelles informations que vous acquérez en cours de route. Soyez flexible et adaptable dans votre approche, et ne vous accrochez pas à un plan qui ne fonctionne pas. Soyez prêt à abandonner ce qui ne fonctionne pas et à embrasser ce qui vous rapproche de vos objectifs.

En intégrant la flexibilité dans votre plan d'action, vous vous donnez les moyens de naviguer avec succès dans les eaux changeantes de la vie. En adoptant une attitude ouverte, en identifiant les indicateurs clés, en résolvant activement les obstacles et en réajustant votre plan en cours de route, vous maximisez vos chances de réussite et de réalisation de vos rêves.

Chapitre 6

# Dépasser les obstacles et surmonter les peurs

---

## Identifier les obstacles potentiels

Avancer vers la réalisation de vos rêves implique souvent de faire face à une série d'obstacles et de défis sur votre chemin. Ces obstacles peuvent prendre différentes formes, qu'il s'agisse de contraintes externes ou de limitations internes, mais ils peuvent tous entraver votre progression et compromettre votre succès si vous ne les identifiez pas et ne les gérez pas efficacement.

La première étape pour surmonter les obstacles est de les identifier avec précision. Cela nécessite une introspection honnête et une évaluation réaliste de vos propres forces et faiblesses, ainsi que des défis potentiels qui pourraient se présenter sur votre chemin. Les obstacles peuvent être de nature externe, tels que des contraintes financières, des ressources limitées ou des circonstances familiales complexes. Ils peuvent aussi être internes, comme des peurs, des doutes ou des habitudes auto-destructrices.

Prenez le temps de réfléchir aux défis auxquels vous pourriez être confronté dans la réalisation de vos rêves, et identifiez les obstacles potentiels qui pourraient vous empêcher d'atteindre vos objectifs. Soyez honnête avec vous-même et ne minimisez pas l'importance des obstacles potentiels. Reconnaître et accepter ces défis est la première étape vers leur surmontabilité.

En identifiant les obstacles potentiels, il est également important de les classer par ordre de priorité et d'impact sur vos objectifs. Certains obstacles peuvent être plus urgents ou plus critiques que d'autres, et il est crucial de concentrer vos efforts sur ceux qui ont le plus grand potentiel pour vous empêcher d'avancer. Cela vous permet de hiérarchiser vos ressources et votre énergie là où elles auront le plus grand impact.

Une fois que vous avez identifié les obstacles potentiels, ne vous laissez pas décourager. Au contraire, voyez-les comme des opportunités pour apprendre et grandir. Chaque obstacle surmonté vous rend plus fort et vous rapproche un peu plus de la réalisation de vos rêves. Adoptez une attitude proactive et cherchez des solutions créatives pour surmonter les obstacles qui se dressent sur votre chemin.

Enfin, rappelez-vous que la persévérance est la clé pour surmonter les obstacles et atteindre vos objectifs. Ne laissez pas les revers vous décourager ou vous faire abandonner. Restez concentré sur votre vision et engagez-vous à surmonter tous les défis qui se présentent sur votre chemin. Avec détermination et résilience, vous pouvez surmonter n'importe quel obstacle et réaliser vos rêves les plus ambitieux.

## Développer des stratégies pour surmonter les obstacles

Une fois que vous avez identifié les obstacles potentiels sur votre chemin vers la réalisation de vos rêves, il est essentiel de développer des stratégies efficaces pour les surmonter. La capacité à résoudre les problèmes et à trouver des solutions créatives est cruciale pour progresser malgré les défis rencontrés. Voici quelques stratégies clés pour surmonter les obstacles et continuer à avancer vers vos objectifs.

La première étape dans le développement de stratégies efficaces est de faire preuve de résilience mentale. Cultivez une attitude mentale positive et une volonté inébranlable de surmonter les obstacles qui se dressent sur votre chemin. Cela vous permettra de rester concentré sur vos objectifs et de garder espoir même face aux revers et aux défis apparemment insurmontables.

Ensuite, adoptez une approche proactive pour résoudre les problèmes. Ne restez pas passif face aux obstacles, mais cherchez plutôt des solutions dès qu'ils se présentent. Soyez créatif et ouvert à de nouvelles idées et perspectives, et ne soyez pas découragé si vos premières tentatives échouent. La persistance est la clé pour surmonter les obstacles et trouver des solutions viables.

Une autre stratégie importante est de demander de l'aide lorsque c'est nécessaire. Ne laissez pas votre fierté ou votre ego vous empêcher de demander de l'aide à d'autres personnes. Cherchez des mentors, des conseillers ou des amis de confiance qui peuvent vous soutenir et vous guider à travers les moments difficiles. Souvent, avoir une perspective extérieure peut vous aider à voir les solutions que vous n'auriez pas envisagées autrement.

De plus, soyez flexible et adaptable dans votre approche. Si une stratégie ne fonctionne pas, ne vous accrochez pas obstinément à elle. Soyez prêt à ajuster votre plan et à explorer de nouvelles voies pour surmonter les obstacles. La capacité à s'adapter aux circonstances changeantes est une compétence précieuse dans la réalisation de vos rêves.

Enfin, apprenez des échecs et des revers. Chaque obstacle surmonté est une opportunité d'apprentissage et de croissance. Analysez ce qui n'a pas fonctionné, identifiez les leçons à tirer de l'expérience et utilisez ces connaissances pour affiner votre approche à l'avenir. En intégrant ces leçons dans votre parcours, vous devenez plus fort, plus résilient et mieux équipé pour surmonter les défis futurs.

En développant des stratégies efficaces pour surmonter les obstacles, vous vous donnez les moyens de continuer à avancer vers vos objectifs malgré les défis rencontrés. En faisant preuve de résilience mentale, en adoptant une approche proactive, en demandant de l'aide lorsque c'est nécessaire, en restant flexible et en apprenant des échecs, vous pouvez surmonter n'importe quel obstacle et réaliser vos rêves les plus ambitieux.

## Gérer les peurs et les doutes

La gestion des peurs et des doutes revêt un caractère crucial lors de la poursuite de vos rêves. Ces sentiments peuvent souvent s'avérer être des obstacles majeurs sur votre chemin vers le succès, sapant votre confiance et vous empêchant d'avancer. Pour surmonter ces obstacles, il est essentiel de développer des stratégies efficaces pour gérer vos peurs et vos doutes de manière constructive.

Tout d'abord, identifiez les peurs et les doutes qui vous retiennent. Prenez le temps d'explorer les pensées et les émotions qui surgissent lorsque vous vous lancez dans la réalisation de vos rêves. Est-ce la peur de l'échec, la crainte de la critique des autres ou encore l'appréhension de l'inconnu qui vous retient ? Identifiez ces peurs et ces doutes spécifiques afin de mieux comprendre leurs origines et leurs impacts sur votre comportement.

Une fois que vous avez identifié vos peurs et vos doutes, pratiquez l'acceptation et la reconnaissance. Acceptez que ces sentiments fassent partie intégrante de l'expérience humaine et qu'il soit normal de les ressentir lorsque vous vous lancez dans des défis ambitieux. Ne les rejetez pas ou ne les combattez pas, mais plutôt acceptez-les et reconnaissez-les pour ce qu'ils sont.

Ensuite, adoptez une approche de l'action malgré la peur. Au lieu de permettre à vos peurs de vous paralyser, engagez-vous à agir malgré elles. Reconnaître que le courage n'est pas l'absence de peur, mais plutôt la capacité à agir malgré celle-ci. En prenant des mesures concrètes vers vos objectifs, même lorsque vous vous sentez effrayé ou incertain, vous renforcez votre confiance en vous et vous prouvez que vous êtes capable de surmonter les obstacles.

Une autre stratégie efficace est de pratiquer l'autocompassion. Soyez gentil et compatissant envers vous-même lorsque vous ressentez de la peur ou de l'incertitude. Ne vous jugez pas sévèrement pour ressentir ces émotions, mais offrez-vous plutôt le même soutien et la même compassion que vous offririez à un ami cher. Cette approche vous permet de vous sentir soutenu et encouragé dans votre cheminement, même lorsque vous rencontrez des difficultés.

Enfin, cultivez une attitude de gratitude et de positivité. Concentrez-vous sur les aspects positifs de votre vie et de vos expériences, et pratiquez la gratitude pour les progrès que vous avez réalisés jusqu'à présent. En cultivant une perspective positive, vous renforcez votre résilience face aux défis et vous vous donnez les moyens de surmonter les obstacles avec confiance et détermination.

En gérant vos peurs et vos doutes de manière constructive, vous pouvez surmonter ces obstacles et continuer à avancer vers vos objectifs avec confiance et détermination. En identifiant vos peurs, en pratiquant l'acceptation, en agissant malgré la peur, en pratiquant l'autocompassion et en cultivant une attitude de gratitude, vous renforcez votre résilience et votre capacité à réaliser vos rêves les plus ambitieux.

## Cultiver la résilience pour persévérer face aux défis

La résilience constitue une qualité essentielle pour surmonter les défis et persévérer dans la poursuite de vos rêves. Elle vous permet de rebondir après les échecs, de faire face à l'adversité avec détermination et de maintenir votre motivation même lorsque les choses deviennent difficiles. Cultiver la résilience vous aide à rester concentré sur vos objectifs et à continuer à avancer malgré les obstacles rencontrés sur votre chemin.

La première étape pour cultiver la résilience consiste à développer une attitude mentale positive face aux défis. Au lieu de considérer les obstacles comme des barrières insurmontables, voyez-les comme des opportunités pour apprendre et grandir. Adoptez une perspective optimiste et recherchez les leçons à tirer de chaque revers. En changeant votre façon de penser, vous pouvez transformer les obstacles en opportunités de croissance personnelle et professionnelle.

Ensuite, développez votre capacité à gérer le stress et l'adversité de manière saine et constructive. Apprenez des techniques de gestion du stress telles que la respiration profonde, la méditation et la pratique d'activités relaxantes comme le yoga ou la marche. Ces pratiques vous aident à rester calme et centré même lorsque vous êtes confronté à des situations difficiles, renforçant ainsi votre résilience et votre capacité à faire face aux défis avec calme et confiance.

Une autre stratégie pour cultiver la résilience consiste à construire un réseau de soutien solide. Entourez-vous de personnes qui vous soutiennent et vous encouragent dans la réalisation de vos rêves. Partagez vos succès et vos défis avec eux, et cherchez leur soutien lorsque vous en avez besoin. Le soutien social est un puissant facteur de résilience, et avoir des amis, des proches et des mentors sur lesquels vous pouvez compter peut vous aider à traverser les moments difficiles avec plus de force et de détermination.

En outre, pratiquez l'auto-compassion et la bienveillance envers vous-même. Soyez gentil et compatissant envers vous-même, surtout lorsque vous faites face à des difficultés ou à des revers. Évitez de vous critiquer ou de vous juger sévèrement, et rappelez-vous que tout le monde fait face à des défis à un moment ou à un autre de sa vie. En développant une attitude de bienveillance envers vous-même, vous renforcez votre résilience et votre capacité à faire face aux défis avec courage et détermination.

Enfin, rappelez-vous que la résilience est un processus continu qui nécessite de la pratique et de la persévérance. Continuez à travailler sur vous-même, à développer vos compétences et à renforcer votre résilience jour après jour. En restant engagé dans votre croissance personnelle et en cultivant une attitude de persévérance et de détermination, vous pouvez surmonter n'importe quel obstacle et réaliser vos rêves les plus ambitieux.

Chapitre 7

# Maximiser votre productivité avec la gestion du temps

---

## Comprendre l'importance de la gestion du temps

La gestion du temps constitue un élément essentiel pour réaliser rapidement et efficacement vos rêves. Elle implique d'allouer judicieusement vos ressources les plus précieuses - votre temps et votre énergie - afin de maximiser votre productivité et votre efficacité dans la poursuite de vos objectifs. Comprendre l'importance de la gestion du temps représente la première étape pour optimiser votre productivité et atteindre vos aspirations.

En premier lieu, la gestion du temps vous permet de prioriser vos tâches et vos objectifs en fonction de leur importance et de leur urgence. Elle vous aide à identifier les activités qui contribuent le plus à vos objectifs à long terme et à leur consacrer votre temps et votre attention en conséquence. En éliminant les distractions et en vous concentrant sur les tâches les plus importantes, vous maximisez votre efficacité et votre capacité à progresser rapidement vers vos rêves.

De plus, la gestion du temps vous aide à optimiser votre productivité en éliminant les activités superflues et en vous concentrant sur celles qui ont le plus grand impact. En identifiant et en éliminant les gaspillages de temps et d'énergie, vous libérez des ressources précieuses pour investir dans vos objectifs les plus importants. Cela vous permet de travailler de manière plus intelligente, non seulement plus durement, en maximisant les résultats que vous pouvez obtenir dans un laps de temps donné.

En outre, la gestion du temps vous permet de créer une structure et une organisation dans votre vie, ce qui facilite la réalisation de vos objectifs. En établissant des routines et des horaires réguliers, vous créez des habitudes qui soutiennent vos efforts pour atteindre vos aspirations. Une structure claire vous aide à rester sur la bonne voie et à éviter les distractions et les détours qui pourraient retarder votre progrès.

De plus, la gestion du temps vous permet de gérer le stress et l'anxiété liés à la réalisation de vos rêves. En planifiant soigneusement votre emploi du temps et en respectant vos engagements, vous réduisez les risques de procrastination, de surcharge de travail et de sentiment d'être dépassé. Cela vous donne un sentiment de contrôle sur votre vie et vos objectifs, renforçant ainsi votre confiance en vous et votre capacité à réussir.

Enfin, la gestion du temps vous permet de libérer du temps pour les activités qui vous nourrissent et vous inspirent, contribuant ainsi à votre bien-être et à votre épanouissement personnel. En consacrant du temps à des activités telles que la méditation, le sport, la lecture ou le temps passé avec vos proches, vous rechargez vos batteries et maintenez votre motivation à long terme. Cela vous permet de maintenir un équilibre sain entre votre travail et votre vie personnelle, essentiel pour maintenir votre engagement et votre persévérance dans la réalisation de vos rêves.

## Identifier vos priorités et éliminer les distractions

L'une des clés pour maximiser votre productivité dans la réalisation de vos rêves réside dans la capacité à identifier vos priorités et à éliminer les distractions susceptibles de vous détourner de ce qui est vraiment important. Trop souvent, nous sommes submergés par un flot incessant de tâches et de stimulations extérieures qui entravent nos objectifs et freinent notre avancée.

La première étape pour identifier vos priorités consiste à clarifier vos objectifs à long terme. Quels sont les résultats que vous aspirez à atteindre dans votre vie et dans votre carrière ? Quels sont vos rêves les plus profonds et les plus significatifs ? Prenez le temps de méditer sur vos aspirations et sur ce qui compte vraiment pour vous, puis utilisez ces réflexions pour définir vos priorités.

Une fois vos objectifs à long terme identifiés, décomposez-les en étapes plus petites et plus réalisables. Quelles actions concrètes pouvez-vous entreprendre dès maintenant pour progresser vers vos objectifs ? Identifiez les tâches les plus importantes et les plus urgentes, et concentrez vos efforts sur leur accomplissement.

Ensuite, identifiez les distractions potentielles susceptibles de vous empêcher de vous concentrer sur vos priorités. Il peut s'agir de distractions externes telles que les médias sociaux, les e-mails non urgents ou les sollicitations constantes de votre environnement, ainsi que de distractions internes telles que les pensées négatives, les doutes ou les préoccupations incessantes. Prenez conscience de ces distractions et recherchez des moyens de les réduire ou de les éliminer complètement.

Une stratégie efficace pour éliminer les distractions consiste à créer un environnement de travail propice à la concentration. Identifiez les éléments qui vous distraient et cherchez des moyens de les éliminer ou de les réduire. Cela peut impliquer de désactiver les notifications sur votre téléphone, de créer un espace de travail calme et ordonné, ou d'établir des limites claires avec les autres concernant votre disponibilité et votre temps.

En outre, pratiquez la gestion efficace du temps en utilisant des outils et des techniques qui vous aident à rester organisé et concentré sur vos priorités. Utilisez des listes de tâches, des calendriers et des applications de gestion du temps pour planifier votre journée et vous assurer que vous consacrez suffisamment de temps aux activités les plus importantes. Priorisez vos tâches en fonction de leur importance et de leur urgence, et soyez prêt à ajuster votre plan en fonction des changements de circonstances.

En éliminant les distractions et en identifiant vos priorités, vous vous donnez les moyens de maximiser votre productivité et de progresser de manière significative vers la réalisation de vos rêves. En restant concentré sur ce qui est vraiment important pour vous et en éliminant tout ce qui vous éloigne de vos objectifs, vous créez un environnement propice à la réussite et augmentez vos chances de succès à long terme.

## Utiliser des outils et des techniques de gestion du temps efficaces

La gestion efficace du temps est un élément crucial pour optimiser votre productivité et réussir à atteindre vos objectifs. L'utilisation adéquate d'outils et de techniques peut vous aider à organiser votre emploi du temps, à rester concentré sur les tâches importantes et à accroître votre efficacité dans la réalisation de vos aspirations.

Parmi les outils les plus utiles pour la gestion du temps, on trouve un système de planification efficace. Que vous optiez pour un agenda papier, un calendrier électronique ou une application de gestion du temps, l'essentiel est de trouver un système qui vous convienne et de le suivre régulièrement. Planifiez votre journée, votre semaine voire même votre mois à l'avance, en allouant du temps pour les tâches cruciales et en veillant à respecter vos engagements.

Une autre technique efficace de gestion du temps est la méthode Pomodoro. Cette méthode consiste à travailler sur une tâche spécifique pendant une période définie, généralement 25 minutes, suivie d'une courte pause de 5 minutes. Répétez ce cycle plusieurs fois, en prenant des pauses plus longues après chaque série de sessions de travail. Cette méthode vous aide à maintenir votre concentration et votre productivité en alternant des périodes de travail intense avec des pauses régulières pour vous reposer et vous ressourcer.

En outre, il est important de prioriser vos tâches afin de consacrer votre temps et votre énergie aux activités les plus importantes et les plus urgentes. Identifiez les tâches ayant le plus grand impact sur la réalisation de vos objectifs et commencez par les traiter en priorité. Utilisez des techniques telles que la matrice d'Eisenhower pour classer vos tâches en fonction de leur importance et de leur urgence, et concentrez-vous sur celles qui contribuent le plus à votre succès.

Une autre astuce efficace consiste à regrouper les tâches similaires ou connexes pour maximiser votre efficacité. Par exemple, organisez les appels téléphoniques, les e-mails ou les réunions en blocs de temps spécifiques afin de réduire les interruptions et de vous permettre de vous concentrer sur une seule tâche à la fois. Cette approche vous aide à rester focalisé et à éviter la fragmentation de votre temps et de votre énergie.

Enfin, n'oubliez pas d'intégrer des périodes de repos et de récupération dans votre emploi du temps. Accordez-vous régulièrement des pauses pour vous reposer et vous ressourcer, et veillez à vous octroyer suffisamment de temps pour dormir, vous détendre et prendre soin de votre bien-être physique et mental. Une bonne gestion du temps implique non seulement de travailler dur, mais aussi de savoir quand faire une pause pour recharger vos batteries et maintenir votre productivité à long terme.

En utilisant des outils et des techniques de gestion du temps efficaces, vous pouvez maximiser votre productivité et progresser significativement vers la réalisation de vos rêves. En planifiant votre emploi du temps de manière stratégique, en priorisant vos tâches, en regroupant les activités similaires et en vous accordant des périodes de repos régulières, vous créez un environnement propice à la réussite et augmentez vos chances de succès à long terme.

## Établir des routines pour optimiser votre productivité

Les routines jouent un rôle crucial dans la maximisation de votre productivité et dans la réalisation de vos rêves. En établissant des habitudes et des rituels réguliers, vous créez un environnement propice à la concentration, à la créativité et à l'efficacité, ce qui vous permet d'accomplir davantage en moins de temps et d'atteindre vos objectifs de manière plus efficace.

La première étape pour établir des routines efficaces est de définir un horaire cohérent pour vos activités quotidiennes. Identifiez les moments de la journée où vous êtes le plus alerte et concentré, et réservez ces plages horaires pour vos tâches les plus importantes et les plus exigeantes. Planifiez également des moments spécifiques pour des activités telles que l'exercice physique, la méditation ou la lecture, qui peuvent contribuer à votre bien-être général et à votre productivité.

Ensuite, créez des rituels de démarrage et de clôture pour vos journées de travail. Un rituel de démarrage peut consister en des activités simples telles que la méditation, la visualisation de vos objectifs ou la planification de votre journée, qui vous aident à vous mettre dans un état d'esprit optimal pour travailler. De même, un rituel de clôture peut inclure des activités telles que la révision de vos tâches accomplies, la gratitude pour vos réalisations et la préparation de votre journée suivante, ce qui vous aide à mettre fin à votre journée de manière productive et à vous préparer mentalement pour le lendemain.

Une autre stratégie efficace est de créer des routines spécifiques pour des activités récurrentes telles que la rédaction d'e-mails, la préparation de repas ou la pratique d'un instrument de musique. En définissant des étapes claires et des horaires définis pour ces activités, vous pouvez minimiser les efforts cognitifs nécessaires et augmenter votre efficacité dans leur exécution.

En outre, intégrez des pauses régulières dans votre emploi du temps pour éviter la fatigue mentale et physique et maintenir votre productivité tout au long de la journée. Prenez des pauses courtes toutes les heures pour vous étirer, vous hydrater et reposer vos yeux, et accordez-vous des pauses plus longues pour vous recharger complètement et vous détendre.

Enfin, soyez flexible dans vos routines et prêt à les ajuster en fonction des changements de circonstances ou des besoins. La vie est imprévisible, et il est important d'être capable de s'adapter aux défis et aux opportunités qui se présentent. Restez ouvert aux ajustements et aux modifications de vos routines lorsque cela est nécessaire, tout en maintenant un engagement ferme envers vos objectifs et vos aspirations.

En établissant des routines efficaces et en les intégrant dans votre quotidien, vous créez un cadre solide pour maximiser votre productivité et avancer de manière significative vers la réalisation de vos rêves. En planifiant votre emploi du temps de manière stratégique, en créant des rituels pour démarrer et terminer votre journée, en développant des routines spécifiques pour des activités récurrentes et en intégrant des pauses régulières pour vous reposer et vous ressourcer, vous vous donnez les moyens de réussir de manière constante et durable.

Chapitre 8

# Utiliser la loi de l'attraction pour attirer le succès

## Comprendre les principes de la loi de l'attraction

La loi de l'attraction est un concept puissant qui stipule que nous attirons dans notre vie ce sur quoi nous nous concentrons et sur quoi nous vibrons émotionnellement. Comprendre les principes fondamentaux de cette loi peut constituer une étape importante dans la réalisation de vos rêves, car elle vous aide à appréhender le rôle de vos pensées, de vos émotions et de vos croyances dans la création de votre réalité.

Au cœur de la loi de l'attraction se trouve le principe selon lequel nos pensées et nos émotions influencent directement ce que nous attirons dans notre vie. En d'autres termes, si vous vous focalisez sur des pensées positives et des émotions élevées telles que la gratitude, la joie et l'amour, vous attirerez des expériences et des circonstances positives dans votre vie. En revanche, si vous vous concentrez sur des pensées négatives et des émotions basses telles que la peur, le doute et la frustration, vous attirerez des expériences et des circonstances négatives.

Un autre aspect important de la loi de l'attraction est le pouvoir de la visualisation et de l'imagination créatrice. En visualisant vos objectifs avec clarté et en les ressentant avec émotion, en croyant fermement en leur réalisation, vous créez une vibration énergétique qui attire naturellement les opportunités et les ressources nécessaires pour les manifester dans votre vie. Cela ne signifie pas simplement imaginer passivement vos objectifs, mais plutôt ressentir activement les émotions positives associées à leur réalisation, ce qui renforce votre alignement émotionnel avec ce que vous souhaitez attirer.

Un troisième principe clé de la loi de l'attraction est celui de l'alignement énergétique. Selon ce principe, il est essentiel d'aligner vos pensées, vos émotions et vos actions avec vos objectifs pour les attirer dans votre vie. Cela implique d'être cohérent dans votre façon de penser, de ressentir et d'agir, et d'éliminer toute contradiction ou résistance interne qui pourrait entraver votre capacité à attirer ce que vous désirez. L'alignement énergétique nécessite une pratique constante de la conscience de soi et de l'auto-observation pour identifier et transformer les pensées et les croyances limitantes qui pourraient vous empêcher d'atteindre vos objectifs.

En comprenant ces principes fondamentaux de la loi de l'attraction, vous pouvez commencer à utiliser consciemment ce pouvoir pour créer la vie que vous désirez. En vous concentrant sur des pensées et des émotions positives, en visualisant vos objectifs avec clarté et en alignant vos actions avec vos aspirations, vous pouvez attirer les opportunités et les ressources nécessaires pour réaliser vos rêves. Cependant, il est important de se rappeler que la loi de l'attraction n'est pas une solution magique ou une formule garantie de succès instantané, mais plutôt un outil puissant qui peut être utilisé en combinaison avec d'autres stratégies pour créer la vie que vous désirez vraiment.

## Pratiquer la pensée positive et l'alignement émotionnel

La pratique de la pensée positive et de l'alignement émotionnel est essentielle pour utiliser efficacement la loi de l'attraction et attirer le succès dans votre vie. Plutôt que de se concentrer sur ce qui ne va pas ou sur ce que vous manquez, la pensée positive consiste à se focaliser sur ce qui est positif et sur ce que vous voulez attirer dans votre vie. Cela implique de cultiver une attitude mentale optimiste et de choisir de voir le monde avec gratitude et optimisme.

Une façon de pratiquer la pensée positive est de vous engager dans des pratiques telles que la gratitude et la visualisation. Prenez régulièrement le temps de réfléchir à ce pour quoi vous êtes reconnaissant dans votre vie et de vous concentrer sur les aspects positifs de votre situation. Cela peut vous aider à changer votre perspective et à attirer davantage de positivité dans votre vie. De même, la visualisation consiste à imaginer avec force et conviction la réalisation de vos rêves, en utilisant tous vos sens pour créer une image mentale claire et vivante de ce que vous désirez. Cette pratique vous aide à aligner vos pensées, vos émotions et vos actions avec vos objectifs, renforçant ainsi votre capacité à attirer les opportunités et les ressources nécessaires pour les réaliser.

En plus de la pensée positive, l'alignement émotionnel est un aspect essentiel de l'utilisation efficace de la loi de l'attraction. Cela implique d'adopter consciemment des émotions positives et de cultiver un état d'esprit aligné avec vos objectifs et vos aspirations. Plutôt que de laisser vos émotions être dictées par les circonstances extérieures, prenez le contrôle de vos sentiments et choisissez délibérément de vous sentir bien, peu importe ce qui se passe autour de vous. Cela peut nécessiter une pratique régulière, comme la méditation, la respiration consciente ou l'auto-compassion, pour vous aider à rester centré et équilibré émotionnellement.

En pratiquant la pensée positive et en cultivant un état d'alignement émotionnel avec vos objectifs, vous renforcez votre capacité à attirer les expériences et les résultats que vous désirez dans votre vie. Plutôt que de laisser le doute et la négativité vous empêcher d'atteindre vos rêves, choisissez de vous concentrer sur ce qui est possible et sur les opportunités qui vous entourent. En adoptant une attitude de confiance, de gratitude et d'alignement émotionnel, vous créez un environnement propice à la réussite et vous maximisez vos chances de réaliser vos aspirations les plus profondes.

## Utiliser les affirmations et les intentions pour amplifier vos manifestations

Les affirmations et les intentions sont des outils puissants pour amplifier vos manifestations et utiliser efficacement la loi de l'attraction. En utilisant ces techniques de manière consciente et intentionnelle, vous pouvez renforcer votre état d'esprit positif, programmer votre esprit subconscient et aligner vos pensées avec vos objectifs, augmentant ainsi vos chances de succès dans la réalisation de vos rêves.

Les affirmations sont des déclarations positives et affirmatives que vous vous répétez régulièrement pour renforcer des croyances positives et des pensées constructives. En répétant des affirmations telles que « Je suis digne de réussir », « Je mérite le succès » ou « Je suis capable de réaliser mes rêves », vous programmez votre esprit subconscient pour croire en votre potentiel et attirer les résultats que vous désirez. Pour que les affirmations soient efficaces, elles doivent être formulées de manière positive, dans le présent et être en accord avec vos objectifs et vos aspirations. En répétant ces affirmations régulièrement, de préférence plusieurs fois par jour, vous renforcez votre confiance en vous et en vos capacités, ce qui vous rend plus apte à attirer le succès dans votre vie.

Les intentions, quant à elles, sont des déclarations d'intention ou des objectifs que vous fixez consciemment pour guider vos actions et orienter votre attention vers ce que vous voulez manifester dans votre vie. Plutôt que de simplement espérer que les choses se réalisent, les intentions vous permettent de clarifier vos désirs et de définir clairement ce que vous voulez créer dans votre réalité. Écrivez vos intentions de manière claire, concise et positive, en vous concentrant sur ce que vous voulez attirer plutôt que sur ce que vous voulez éviter. Par exemple, au lieu de dire « Je ne veux plus être endetté », formulez votre intention comme suit : « Je manifeste la liberté financière et l'abondance dans ma vie ».

Pour tirer pleinement parti des affirmations et des intentions, il est important de les pratiquer avec foi, conviction et régularité. Faites-en une partie intégrante de votre routine quotidienne, en prenant quelques minutes chaque jour pour réciter vos affirmations et revisiter vos intentions, en les visualisant avec force et en ressentant les émotions positives associées à leur réalisation. Plus vous les pratiquez avec engagement et détermination, plus vous renforcez votre alignement avec vos objectifs et vos aspirations, augmentant ainsi votre capacité à attirer les résultats que vous désirez dans votre vie.

En intégrant consciemment les affirmations et les intentions dans votre pratique quotidienne, vous créez un état d'esprit positif et aligné avec vos objectifs, ce qui renforce votre capacité à attirer les expériences et les résultats que vous désirez dans votre vie. En prenant le contrôle de vos pensées, de vos émotions et de vos croyances, vous devenez le créateur conscient de votre réalité, et vous maximisez vos chances de succès dans la réalisation de vos rêves les plus profonds.

## Cultiver la gratitude et l'ouverture à l'abondance

La gratitude et l'ouverture à l'abondance sont des éléments clés pour utiliser efficacement la loi de l'attraction et attirer le succès dans votre vie. En cultivant un état d'esprit de gratitude et en reconnaissant les nombreuses bénédictions et opportunités qui vous entourent, vous créez un environnement propice à la manifestation de vos désirs et à l'attirance de l'abondance dans tous les aspects de votre vie.

La gratitude est un puissant catalyseur pour le succès et le bonheur. En reconnaissant et en appréciant les petites choses positives de la vie, vous créez un sentiment de satisfaction et de contentement qui attire naturellement plus de bonheur et de prospérité dans votre vie. Prenez régulièrement le temps de réfléchir à ce pour quoi vous êtes reconnaissant, que ce soit vos relations, votre santé, vos accomplissements ou même les défis qui vous ont permis de grandir et d'évoluer. En exprimant activement votre gratitude, que ce soit par l'écriture dans un journal de gratitude, par des prières de remerciement ou simplement par des pensées positives, vous ouvrez votre cœur et votre esprit à l'abondance infinie qui vous entoure.

En plus de la gratitude, l'ouverture à l'abondance est un élément essentiel pour attirer le succès dans votre vie. Plutôt que de vous concentrer sur ce qui vous manque ou sur ce que vous ne possédez pas, choisissez de vous concentrer sur l'abondance qui vous entoure déjà et sur les innombrables possibilités qui s'offrent à vous. Adoptez une attitude de confiance et de foi dans l'univers, en croyant fermement que vous méritez le succès et que vous êtes digne de recevoir tout ce que vous désirez. Lorsque vous vous ouvrez à l'abondance et que vous croyez en votre capacité à attirer les bonnes choses dans votre vie, vous créez un état d'esprit positif et réceptif qui attire naturellement plus de succès et d'opportunités dans votre vie.

Pour cultiver la gratitude et l'ouverture à l'abondance, pratiquez régulièrement des exercices tels que la méditation de gratitude, la tenue d'un journal de gratitude ou la pratique de la générosité envers les autres. Prenez le temps chaque jour pour vous connecter avec les émotions positives associées à la gratitude et à l'abondance, en ressentant pleinement la joie et la reconnaissance pour les nombreuses bénédictions qui vous entourent. Plus vous pratiquez ces exercices avec engagement et détermination, plus vous renforcez votre capacité à attirer l'abondance et le succès dans votre vie, ce qui vous rapproche davantage de la réalisation de vos rêves les plus profonds.

Chapitre 9

# Construire un réseau de soutien solide

---

## Identifier les personnes qui vous soutiennent dans la réalisation de vos rêves

Lorsque l'on se lance dans la poursuite de ses rêves, il est crucial d'identifier les personnes qui vous soutiennent et qui sont alignées avec votre vision du succès. Ces individus peuvent jouer un rôle essentiel dans votre parcours, en vous offrant le soutien, les encouragements et les ressources dont vous avez besoin pour atteindre vos objectifs. Cependant, il est tout aussi important de reconnaître ceux qui peuvent ne pas être aussi favorables à vos aspirations et de prendre des mesures pour gérer ces relations de manière saine et constructive.

Pour commencer, il est primordial d'identifier les personnes de votre cercle social qui sont véritablement investies dans votre réussite. Ce sont ceux qui croient en vous, qui vous encouragent et qui vous soutiennent dans vos efforts pour réaliser vos rêves. Ces personnes peuvent être des amis proches, des membres de votre famille, des mentors ou des collègues partageant vos valeurs, prêts à vous aider à franchir les obstacles sur votre chemin. En identifiant ces personnes, vous pouvez vous entourer d'une équipe de soutien solide qui vous aide à rester motivé et engagé dans la poursuite de vos objectifs.

En parallèle, soyez conscient des personnes qui peuvent ne pas être aussi favorables à vos aspirations. Cela peut inclure ceux qui expriment des doutes ou des critiques à l'égard de vos projets, ou qui ne partagent tout simplement pas votre vision du succès. Bien qu'il soit tentant de les ignorer ou de les éviter, il est souvent plus constructif de comprendre d'où viennent leurs préoccupations et de chercher à établir une communication ouverte et honnête avec eux. Expliquez-leur vos motivations et vos objectifs, et assurez-vous qu'ils comprennent que vous appréciez leur point de vue tout en restant déterminé à poursuivre vos rêves.

En plus de votre cercle social immédiat, pensez à chercher des mentors et des modèles inspirants qui peuvent vous guider et vous inspirer dans votre parcours. Ces personnes peuvent être des experts dans votre domaine d'intérêt, des entrepreneurs prospères ou des leaders d'opinion ayant réalisé ce que vous aspirez à accomplir. En établissant des relations avec ces personnes, vous pouvez bénéficier de leurs conseils, de leur expérience et de leur soutien, ce qui peut grandement accélérer votre progression vers le succès.

En identifiant et en cultivant un réseau de soutien solide, vous créez un environnement propice à la réussite et à l'accomplissement de vos objectifs. Entourez-vous de personnes qui croient en vous, qui vous encouragent et qui vous inspirent à donner le meilleur de vous-même. En même temps, apprenez à gérer de manière constructive les relations qui pourraient ne pas être aussi favorables à vos aspirations, en cherchant à comprendre et à surmonter les obstacles qui pourraient se présenter sur votre chemin vers le succès.

## Établir des relations de soutien mutuel et d'encouragement

Une des clés fondamentales pour réaliser ses rêves rapidement est de créer des relations de soutien mutuel et d'encouragement. Ces relations sont essentielles pour maintenir votre motivation, surmonter les obstacles et persévérer face aux défis qui se présentent sur votre chemin vers le succès. Pour établir ces relations, il est important de cultiver des liens authentiques et profonds avec les personnes qui vous entourent. Recherchez des individus qui partagent vos valeurs, vos passions et vos aspirations, et qui sont prêts à vous soutenir dans vos projets et à vous encourager à atteindre vos objectifs. Ces relations se caractérisent par un échange équilibré de soutien, d'encouragement et de ressources, où chacun s'efforce d'aider l'autre à grandir et à réussir.

Pour cultiver ces relations, prenez le temps de vous engager activement avec les autres, en partageant ouvertement vos objectifs, vos défis et vos succès. Soyez attentif aux besoins et aux aspirations des autres, et offrez votre soutien et votre encouragement de manière authentique et sincère. Créez un environnement où chacun se sent entendu, respecté et valorisé, ce qui favorise un échange mutuel de soutien et d'encouragement.

En plus de cultiver des relations de soutien mutuel, il est également important de rechercher des personnes qui vous encouragent à sortir de votre zone de confort et à poursuivre vos rêves avec audace et détermination. Cherchez celles qui vous poussent à relever de nouveaux défis, à surmonter vos peurs et à croire en votre potentiel illimité. En vous entourant de personnes inspirantes et motivantes, vous créez un environnement stimulant qui vous encourage à donner le meilleur de vous-même et à poursuivre vos aspirations avec passion et détermination.

Pour établir ces relations d'encouragement, soyez ouvert à rencontrer de nouvelles personnes et à explorer de nouveaux horizons. Rejoignez des groupes ou des communautés qui partagent vos intérêts et vos passions, et soyez ouvert à créer des liens significatifs avec ceux qui vous inspirent et vous motivent. Partagez vos objectifs et vos aspirations avec eux, et cherchez à tirer parti de leur expérience et de leurs conseils pour vous aider à avancer dans votre parcours vers le succès.

En cultivant des relations de soutien mutuel et d'encouragement, vous créez un réseau de soutien solide qui vous aide à naviguer avec succès à travers les hauts et les bas de la vie. Entourez-vous de personnes qui croient en vous, qui vous soutiennent dans vos efforts et qui vous encouragent à poursuivre vos rêves avec passion et détermination. En faisant ainsi, vous maximisez vos chances de réussite et de réalisation personnelle, et vous vous rapprochez un peu plus chaque jour de la réalisation de vos rêves les plus profonds.

## Trouver des mentors et des modèles inspirants

Dans la quête de la réalisation rapide de ses rêves, l'importance de trouver des mentors et des modèles inspirants ne peut être surestimée. Les mentors, personnes expérimentées dans leur domaine, offrent des conseils, des perspectives et des encouragements précieux pour atteindre ses objectifs. Les modèles inspirants, quant à eux, par leur parcours et leurs réalisations, inspirent et motivent à poursuivre ses aspirations.

Pour trouver des mentors, commencez par identifier les personnes ayant réussi dans le domaine que vous explorez. Ce peuvent être des entrepreneurs prospères, des professionnels établis ou des leaders d'opinion reconnus. Recherchez des individus partageant vos valeurs, compétences et réalisations, et n'hésitez pas à les approcher pour solliciter leur mentorat. Soyez clair sur ce que vous espérez apprendre d'eux et comment leur expertise peut vous aider dans votre propre parcours vers le succès.

Une autre source de mentorat précieuse est votre réseau personnel et professionnel. Identifiez les personnes de votre cercle social possédant les compétences, connaissances ou expériences recherchées, et demandez-leur conseils ou recommandations. Souvent, les mentors les plus précieux se trouvent déjà dans votre vie, offrant leur soutien de manière informelle et bienveillante.

En plus de chercher des mentors, prenez le temps d'identifier des modèles inspirants vous motivant à poursuivre vos rêves. Ils peuvent être des célébrités ou des figures publiques ayant accompli des réalisations remarquables, ou des individus ordinaires dont l'histoire de réussite vous inspire. Recherchez des histoires de succès reflétant vos propres expériences et aspirations, utilisant ainsi l'inspiration comme moteur pour atteindre vos rêves avec passion et détermination.

Une fois des mentors et modèles identifiés, n'hésitez pas à les approcher pour solliciter soutien et guidance. Soyez ouvert à l'apprentissage, posez des questions et écoutez leurs conseils avec humilité et reconnaissance. En tirant parti de l'expérience de ceux qui vous ont précédé, vous pouvez éviter les pièges, surmonter les obstacles et progresser plus rapidement vers la réalisation de vos aspirations.

## Participer à des communautés ou des groupes de soutien en ligne ou hors ligne

Pour concrétiser ses rêves rapidement, il est crucial de s'entourer d'une communauté de soutien partageant vos aspirations et vos valeurs. Que ce soit en ligne ou hors ligne, ces communautés et groupes offrent un espace sécurisé et bienveillant où vous pouvez puiser encouragement, inspiration et conseils pour atteindre vos objectifs.

Les communautés en ligne fournissent une plateforme puissante pour interagir avec d'autres personnes partageant les mêmes idées, peu importe où vous vous trouvez dans le monde. Que ce soit via les réseaux sociaux, les forums de discussion ou les groupes de soutien en ligne, vous avez la possibilité de rejoindre des communautés virtuelles où vous pouvez partager vos expériences, poser des questions et trouver des conseils ainsi qu'un soutien auprès de personnes qui comprennent votre parcours et vos défis. Adhérer à ces communautés peut atténuer le sentiment de solitude dans votre parcours et vous permettre de bénéficier de l'expérience collective et de la sagesse des autres membres.

En complément des communautés en ligne, les groupes de soutien hors ligne offrent également d'importantes occasions de connexion et de soutien. Que ce soit à travers des clubs, des associations professionnelles ou des groupes d'intérêt commun, intégrer un groupe de soutien vous donne l'opportunité de rencontrer des personnes en personne et de développer des liens significatifs avec ceux partageant vos passions et vos objectifs. Ces groupes offrent souvent des opportunités de réseautage, d'apprentissage et de croissance personnelle, vous permettant de bénéficier du soutien et de l'encouragement de vos pairs dans votre quête pour réaliser vos rêves.

Lorsque vous cherchez des communautés ou des groupes de soutien, assurez-vous de choisir ceux correspondant à vos besoins, vos valeurs et vos objectifs. Recherchez des groupes offrant un environnement inclusif et bienveillant où chacun se sent entendu, respecté et soutenu dans son parcours individuel. Soyez ouvert à partager vos propres expériences et à offrir votre soutien aux autres membres, favorisant ainsi un échange mutuel de soutien et d'encouragement bénéfique pour tous.

En participant activement à des communautés ou des groupes de soutien en ligne ou hors ligne, vous créez un réseau de soutien solide qui vous aide à rester motivé, engagé et inspiré dans la réalisation de vos rêves. Entourez-vous de personnes comprenant votre parcours et prêtes à vous soutenir dans votre quête de succès. En agissant ainsi, vous maximisez vos chances de réussite et d'épanouissement personnel, vous rapprochant un peu plus chaque jour de la concrétisation de vos rêves les plus profonds.

Chapitre 10

# Maintenir la motivation et la persévérance

---

## Célébrer vos succès et vos accomplissements

Dans la poursuite de nos rêves, il est facile de tomber dans le piège de se concentrer sur ce qui reste à accomplir plutôt que sur ce que nous avons déjà réalisé. Cependant, pour maintenir notre motivation et notre engagement à long terme, il est essentiel de prendre le temps de célébrer nos succès et nos accomplissements, peu importe leur taille.

Trop souvent, nous sommes tellement absorbés par la poursuite de nos objectifs que nous négligeons de reconnaître et de célébrer nos progrès. Nous passons d'une étape à l'autre sans même prendre le temps de savourer nos victoires, aussi petites soient-elles. Cela peut entraîner un sentiment de frustration et de démotivation, car nous avons l'impression de ne jamais être suffisamment avancés.

Cependant, prendre le temps de reconnaître et de célébrer nos succès est essentiel pour nourrir notre motivation et notre estime de soi. Chaque petite victoire, chaque étape franchie, nous rapproche un peu plus de la réalisation de nos rêves, et il est important de reconnaître l'importance de ces progrès dans notre parcours.

Célébrer nos succès ne signifie pas nécessairement organiser une fête ou recevoir des louanges publiques. Cela peut être aussi simple que de prendre quelques instants pour réfléchir sur nos réalisations, de reconnaître le travail acharné et l'effort que nous avons investis, et de ressentir un sentiment de fierté et de satisfaction pour ce que nous avons accompli.

En reconnaissant et en célébrant nos succès, nous renforçons notre confiance en nos capacités et en notre capacité à atteindre nos objectifs. Nous nous rappelons que nous sommes capables de surmonter les obstacles et de progresser dans la réalisation de nos rêves. Cela alimente notre motivation et notre détermination à persévérer, même lorsque les défis semblent insurmontables.

De plus, célébrer nos succès nous permet de cultiver un état d'esprit positif et optimiste, ce qui renforce notre résilience face aux revers et aux échecs. Nous apprenons à voir chaque obstacle comme une occasion de croissance et d'apprentissage, plutôt que comme un signe d'échec.

Cela nous permet de rester concentrés sur nos objectifs et de continuer à avancer avec détermination, quelles que soient les difficultés que nous rencontrons en chemin.

En conclusion, prendre le temps de célébrer nos succès et nos accomplissements est essentiel pour nourrir notre motivation, notre confiance en nous et notre résilience dans la poursuite de nos rêves. Que ce soit en reconnaissant nos progrès, en appréciant nos réalisations ou en cultivant un état d'esprit positif, célébrer nos succès nous aide à rester engagés et déterminés dans la poursuite de nos aspirations les plus profondes.

## Faire le bilan de votre parcours et de vos apprentissages

Faire le bilan de votre parcours et de vos apprentissages est une étape cruciale pour maintenir votre motivation et votre persévérance dans la réalisation de vos rêves. Cela implique de prendre du recul pour évaluer vos progrès, identifier ce qui a bien fonctionné et ce qui peut être amélioré, et tirer des leçons précieuses de vos expériences passées.

Commencez par réfléchir aux succès que vous avez rencontrés jusqu'à présent dans votre parcours. Identifiez les étapes importantes que vous avez franchies, les obstacles que vous avez surmontés et les réalisations dont vous êtes le plus fier. Prenez le temps de célébrer vos succès, peu importe leur taille, et reconnaissez le travail acharné et la détermination qui vous ont permis d'atteindre vos objectifs.

Ensuite, examinez les défis et les obstacles auxquels vous avez été confronté. Identifiez les moments où vous avez fait face à des difficultés ou à des revers, et réfléchissez à ce que vous avez appris de ces expériences. Cherchez des schémas ou des tendances dans les défis que vous avez rencontrés, et réfléchissez à des stratégies pour les surmonter à l'avenir.

En faisant le bilan de vos apprentissages, soyez honnête avec vous-même sur ce qui a fonctionné et ce qui n'a pas fonctionné dans votre parcours jusqu'à présent. Reconnaissez vos succès et vos réalisations, mais soyez également prêt à reconnaître vos erreurs et vos échecs. Chaque expérience, qu'elle soit positive ou négative, contient des leçons précieuses qui peuvent vous aider à progresser dans votre cheminement vers le succès.

Enfin, utilisez ces apprentissages pour réajuster votre parcours et vos objectifs pour l'avenir. Identifiez les domaines où vous pouvez vous améliorer ou vous concentrer davantage, et élaborez un plan d'action pour intégrer ces leçons dans votre approche future. Soyez flexible et ouvert au changement, et utilisez votre parcours passé comme source d'inspiration et de motivation pour continuer à avancer vers vos rêves avec détermination et résolution.

En faisant le bilan de votre parcours et de vos apprentissages, vous vous donnez les outils nécessaires pour continuer à progresser et à vous développer dans la poursuite de vos rêves. En tirant parti de vos expériences passées, vous pouvez éviter les pièges courants, surmonter les obstacles et vous rapprocher un peu plus chaque jour de la réalisation de vos aspirations les plus profondes.

## Réajuster vos objectifs et vos stratégies en fonction de votre évolution

Réajuster vos objectifs et vos stratégies est une composante essentielle de tout parcours vers la réalisation de vos rêves. En cours de route, il est naturel que vos aspirations, vos priorités et vos circonstances évoluent, et il est important pour vous d'être capable de vous adapter à ces changements pour rester aligné sur votre chemin vers le succès.

Commencez par revisiter vos objectifs existants et évaluez s'ils sont toujours pertinents et significatifs pour vous. Peut-être avez-vous déjà atteint certains de vos objectifs initiaux et ressentez-vous le besoin de définir de nouveaux défis pour continuer à progresser. Ou peut-être avez-vous réalisé que certains objectifs que vous vous étiez fixés ne correspondent plus à ce que vous voulez vraiment dans la vie. Quelle que soit la situation, soyez prêt à ajuster vos objectifs en fonction de votre évolution personnelle et de vos aspirations actuelles.

Ensuite, réfléchissez à vos stratégies et à vos plans d'action pour atteindre vos objectifs. Identifiez ce qui a fonctionné jusqu'à présent et ce qui n'a pas donné les résultats escomptés, et utilisez ces informations pour ajuster votre approche pour l'avenir. Soyez ouvert à explorer de nouvelles méthodes ou à apporter des modifications à vos plans existants, en gardant à l'esprit que la flexibilité est essentielle pour s'adapter aux défis et aux opportunités qui se présentent sur votre chemin.

Lorsque vous réajustez vos objectifs et vos stratégies, assurez-vous de rester aligné sur vos valeurs et vos priorités fondamentales. Il est facile de se laisser emporter par les attentes des autres ou par les pressions externes, mais il est important pour vous de rester fidèle à ce qui est vraiment important pour vous. Prenez le temps de réfléchir à ce que vous voulez vraiment accomplir dans la vie et à ce qui vous apporte le plus de satisfaction et de bonheur, et utilisez ces informations pour guider vos choix et vos décisions.

Enfin, soyez prêt à faire preuve de patience et de persévérance dans votre parcours. La réalisation de vos rêves peut être un processus long et sinueux, et il est normal pour vous de rencontrer des obstacles et des revers en cours de route. Restez concentré sur vos objectifs à long terme et sur la vision que vous avez pour votre vie, et rappelez-vous que chaque étape du voyage compte, peu importe à quel point elle peut sembler petite ou insignifiante.

En réajustant vos objectifs et vos stratégies en fonction de votre évolution, vous vous donnez les meilleures chances de réussir dans la réalisation de vos rêves. Soyez flexible, adaptable et ouvert au changement, et continuez à avancer avec détermination et résolution, sachant que chaque pas que vous faites vous rapproche un peu plus de la vie que vous aspirez à vivre.

## Continuer à rêver et à se fixer de nouveaux défis

Même lorsque vous avez atteint certains de vos objectifs et réalisé vos rêves les plus chers, il est essentiel de continuer à rêver et à vous fixer de nouveaux défis pour maintenir votre motivation et votre passion pour la vie. La vie est un voyage en constante évolution, et il y a toujours de nouvelles expériences à découvrir, de nouveaux défis à relever et de nouveaux horizons à explorer.

Lorsque vous atteignez un objectif important ou réalisez un rêve, prenez le temps de célébrer votre succès et de savourer le sentiment d'accomplissement. Mais ne vous reposez pas sur vos lauriers trop longtemps. Utilisez cette victoire comme motivation pour continuer à vous développer et à élargir vos horizons. Réfléchissez à ce que vous voulez réaliser ensuite dans votre vie et fixez-vous de nouveaux objectifs inspirants qui vous poussent à sortir de votre zone de confort et à repousser vos limites.

Lorsque vous vous fixez de nouveaux défis, assurez-vous qu'ils sont alignés sur vos valeurs et vos aspirations les plus profondes. Évitez de vous laisser influencer par les attentes des autres ou par des objectifs qui ne résonnent pas avec ce que vous voulez vraiment dans la vie. Restez fidèle à vous-même et à ce qui vous passionne vraiment, et laissez cela guider vos choix et vos décisions.

Soyez également prêt à sortir de votre zone de confort et à embrasser l'incertitude et le changement qui accompagnent tout nouveau défi. La croissance personnelle et le développement exigent souvent de prendre des risques et d'affronter l'inconnu, mais c'est souvent là que se trouvent les opportunités les plus riches et les expériences les plus gratifiantes. Osez rêver en grand et osez vous lancer dans l'inconnu, sachant que chaque défi que vous relevez vous rapproche un peu plus de la vie que vous aspirez à vivre.

En continuant à rêver et à vous fixer de nouveaux défis, vous nourrissez votre esprit et votre âme, et vous maintenez une passion et un enthousiasme durables pour la vie. Restez ouvert aux possibilités infinies qui s'offrent à vous, et rappelez-vous que le voyage vers la réalisation de vos rêves est aussi important que la destination elle-même. Continuez à avancer avec audace et détermination, et laissez votre imagination et votre détermination vous guider vers un avenir rempli de possibilités et de promesses.

# Conclusion

En conclusion, concrétiser ses rêves rapidement ne relève pas simplement de la chance ou du talent inné, mais plutôt de l'engagement profond, d'une vision claire et d'une action déterminée. Tout au long de cet ouvrage, nous avons exploré les étapes essentielles pour donner vie à vos aspirations, en mettant l'accent sur la compréhension de vos désirs les plus profonds, l'établissement d'objectifs clairs et inspirants, la cultivation d'une mentalité de réussite, ainsi que l'utilisation d'outils pratiques comme la visualisation et la planification stratégique.

Cependant, la véritable magie réside dans la mise en pratique de ces principes dans votre vie quotidienne. Il est temps de passer à l'action. Prenez le temps de réfléchir à ce que vous avez appris au cours de ce voyage, et identifiez les premières étapes que vous pouvez entreprendre dès maintenant pour avancer vers vos rêves. Que ce soit en faisant un petit pas chaque jour ou en vous lançant dans un projet ambitieux, l'important est de commencer quelque part et de continuer à progresser avec persévérance et détermination.

Rappelez-vous, le chemin vers la réalisation de vos rêves ne sera pas toujours facile. Vous rencontrerez des obstacles, des revers et des moments de doute. Mais c'est dans ces moments que votre véritable force intérieure se révèle. N'ayez pas peur de l'échec, mais considérez-le plutôt comme une occasion d'apprendre, de grandir et de vous améliorer. Soyez également ouvert aux ajustements et aux changements de cap en cours de route. Vos objectifs et vos priorités peuvent évoluer avec le temps, et il est important d'être flexible et adaptable dans votre approche. L'essentiel est de rester fidèle à vous-même et à vos aspirations les plus profondes, et de continuer à avancer avec courage et détermination, quelle que soit la route que vous choisissez de suivre.

Enfin, souvenez-vous que vous n'êtes pas seul dans ce voyage. Cherchez le soutien et l'encouragement de vos proches, trouvez des mentors et des modèles inspirants, et connectez-vous avec d'autres personnes partageant vos aspirations. Ensemble, nous pouvons nous soutenir mutuellement dans la réalisation de nos rêves les plus fous.

Alors, qu'attendez-vous ? Le moment de commencer est maintenant. Engagez-vous pleinement dans votre voyage vers la réalisation de vos rêves, et rappelez-vous que chaque petit pas que vous faites vous rapproche un peu plus de la vie que vous désirez vivre. Alors, allez-y, et que votre aventure commence !

www.ingramcontent.com/pod-product-compliance
Lightning Source LLC
LaVergne TN
LVHW050320160826
845677LV00014B/3489

*9782959291401*